Lucio D'Abbraccio

Lodi a Maria

Lucio D'Abbraccio

Lodi a Maria

Avvocata nostra

Edizioni Sant'Antonio

Imprint
Any brand names and product names mentioned in this book are subject to trademark, brand or patent protection and are trademarks or registered trademarks of their respective holders. The use of brand names, product names, common names, trade names, product descriptions etc. even without a particular marking in this work is in no way to be construed to mean that such names may be regarded as unrestricted in respect of trademark and brand protection legislation and could thus be used by anyone.

Cover image: www.ingimage.com

Publisher:
Edizioni Accademiche Italiane
is a trademark of
Dodo Books Indian Ocean Ltd. and OmniScriptum S.R.L publishing group

120 High Road, East Finchley, London, N2 9ED, United Kingdom
Str. Armeneasca 28/1, office 1, Chisinau MD-2012, Republic of Moldova, Europe
Printed at: see last page
ISBN: 978-613-8-39453-2

Lodi a Maria

Lucio D'Abbraccio

Introduzione

Nella Chiesa cattolica la venerazione per Maria, madre di Gesù, comprende varie devozioni mariane quali la preghiera, atti pii, arti visive, poesia e musica dedicate alla Beata Vergine Maria. I papi hanno incoraggiato ciò, prendendo allo stesso tempo delle misure per riformarne alcune manifestazioni. La Santa Sede ha insistito sull'importanza della distinzione tra "vera e falsa devozione, e l'autentica dottrina dalle sue deformazioni per eccesso o difetto". Ci sono decisamente più titoli, feste e pratiche devozionali mariane fra i cattolici romani che in altre tradizioni cristiane. Il termine *hyperdulia* (=venerazione) indica la speciale devozione dovuta a Maria, più grande dell'ordinaria *dulia* (=venerazione) per altri santi, ma completamente diversa dalla *latria* dovuta solo a Dio.

Credere nella incarnazione di Dio Figlio attraverso Maria è la base per cui viene chiamata la Madre di Dio, dichiarato dogma nel Concilio di Efeso nel 431. Nel Concilio Vaticano II e nell'enciclica *Redemptoris Mater* di papa san Giovanni Paolo II, si parla di lei anche come madre della Chiesa. Nel Cattolicesimo l'aumento della venerazione per Maria e la Mariologia sono avvenuti, non da dichiarazioni ufficiali, ma da scritture su Maria fatte da santi, la devozione popolare, e a volte, dalle "*Apparizioni e altre manifestazioni mariane*" segnalate; la Santa Sede ha approvato solo una piccola parte degne di fede a partire dal 1665.

L'ulteriore pia venerazione della Beata Vergine Maria, incoraggiata dai papi, si vede nelle incoronazioni canoniche concesse alle immagini mariane venerate in una particolare località in tutto il mondo, mentre movimenti e associazioni mariane, con milioni di appartenenti, sono sorte dalla credenza in eventi come quelli di Fatima, Lourdes, etc…

È probabile che la pratica di invocare l'aiuto della Madre di Cristo sia diventata più comune ai fedeli un po' prima di qualunque sua espressione negli scritti dei primi Padri della Chiesa. L'amore dei cristiani per Maria ha intuito, spesso in anticipo, alcuni aspetti del mistero della Beata Vergine, richiamando l'attenzione dei teologi e dei pastori su di essi. Le pratiche di venerazione e devozionali hanno spesso preceduto le dichiarazioni teologiche formali da parte del Magistero della Chiesa cattolica.

La venerazione della Beata Vergine ha luogo in diversi modi. Le preghiere mariane e gli inni di solito cominciano con la sua lode, seguite dalle suppliche. Il numero dei titoli mariani continuò ad aumentare come nel terzo secolo, e molti esistevano già prima del quinto secolo, crescendo specialmente durante il Medio Evo.

Le devozioni dei cattolici si sono basate sugli scritti di diversi santi nella storia, che hanno avvalorato il ruolo centrale di Maria nel piano di salvezza di Dio.

I primi santi includevano Ireneo di Lione nel II secolo, che forse è stato il primo Padre della Chiesa a scrivere in modo sistematico sulla Vergine Maria, ed espose un chiaro resoconto del suo ruolo nell'economia della salvezza. Sant'Ambrogio basava la venerazione di Maria non solo sulla sua verginità, ma anche sul suo straordinario coraggio.

Nel Medio Evo, san Bernardo di Chiaravalle mise in risalto la sua verginità e umiltà alla base della venerazione per lei. Un contributo particolarmente significativo per la Mariologia fu dato dal beato Giovanni Duns Scoto che nel XIII secolo difese la dottrina dell'Immacolata Concezione. Il beato Duns Scoto identificò le basi fondamentali teologiche che portarono alla dichiarazione del dogma dell'Immacolata Concezione secoli più tardi.

Nel XVI secolo, sant'Ignazio di Loyola suggeriva i Gesuiti a preservare la Madonna della Strada, che più tardi venne custodita nella Chiesa del Gesù di Roma. A san Filippo Neri, contemporaneo di sant'Ignazio, viene attribuita l'innovazione delle devozioni giornaliere mariane del mese di maggio.

Nel suo libro "*Le glorie di Maria*", sant'Alfonso de Liguori spiegava come Dio diede Maria al genere umano come Porta del Cielo, citando san Bonaventura, "*Nessuno può entrare in Paradiso se non per mezzo di Maria, come se attraverso una porta*". Il libro di san Luigi Maria Grignion da Montfort "*Vera Devozione per Maria*" sintetizzava molti scritti dei primi santi; il suo approccio alla "*totale consacrazione a Gesù Cristo per mezzo di Maria*" ebbe un forte impatto sulla devozione mariana sia nella pietà popolare che nella spiritualità degli istituti religiosi.

Affidiamoci con fiducia all'intercessione della Beata Vergine Maria, Madre della Chiesa, affinché ci sostenga nell'impegno di essere, in ogni circostanza, apostoli infaticabili del suo Figlio divino e del suo Amore misericordioso.

"*Totus tutus ego sum et omnia mea tua sunt. Accipio Te in mea omnia. Praebe mihi cor tuum, Maria* – Sono tutto tuo e tutto ciò che è mio è tuo. Ti prendo per ogni mio bene. Dammi il tuo cuore, o Maria" (cf S. Luigi M. Grignion de Montfort, *Trattato della vera devozione alla Santa Vergine*, n. 266).

Don Lucio D'Abbraccio

A Maria Madre del bell'Amore

Salve, o Madre e Regina del mondo.
Tu sei la Madre del bell'Amore,
Tu sei la Madre di Gesù, nostra unica
salvezza, speranza e fonte di ogni grazia,
il profumo di ogni virtù,
lo specchio di ogni purezza.
Tu sei gioia nel pianto,
vittoria nella battaglia, speranza nella morte.
Quale dolce sapore il tuo nome nella nostra bocca,
quale soave armonia nelle nostre orecchie,
quale ebbrezza nel nostro cuore!
Tu sei la felicità dei sofferenti,
la corona dei martiri,
la bellezza delle vergini.
Ti supplichiamo, o Madre benedetta,
guidaci dopo questo esilio
al possesso del tuo Figlio, Gesù. Amen!

A Maria Coronata di stelle

All'ombra della tua misericordia
ci rifugiamo, o santa Madre di Dio,
e ti proclamiamo beata perché
Cristo nostro Signore e Salvatore
si è degnato di abitare nel tuo grembo verginale.
Beati siamo anche noi, o Vergine santa,
che abbiamo te come nostra difesa.
Beati siamo noi perché tu,
o dolce nostra Madre,
intercedi notte e giorno per noi, tuoi figli.
A noi, dunque,
o celeste Signora,
che con timore osiamo celebrarti
e rivolgerti suppliche, concedi la
remissione dei peccati,
la guarigione agli infermi,
la pace alla umana società,
a chi è diviso l'unione,
conforto agli sfiduciati e agli afflitti.
Sii compagna di viaggio a chi è in cammino,
porto sicuro a chi è in mare,
sostegno a chi sta per cadere,
aiuto a chi è in condizioni disagiate.
O piena di grazia,
donaci lacrime di penitenza
e di confessione, affinché possiamo inneggiarti
e glorificarti per tutti i giorni della nostra vita.
Aiutaci, o Regina coronata di stelle,
ad essere cristiani più veri,
capaci di amare con tutto il nostro cuore
e con tutta la nostra anima Cristo,
tuo Figlio, che vive e regna con
Dio Padre, nell'unità dello Spirito Santo,
per i secoli dei secoli. Amen!

Alla Madonna di Loreto

O Maria, Vergine Lauretana,
nella tua Santa Casa di Loreto,
dove per opera dello Spirito Santo
Dio si è fatto uomo
nel tuo grembo verginale,
noi, tuoi figli, ci rivolgiamo a te.
Adoriamo il prodigioso evento,
segno stupendo dell'amore di Dio per noi:
il tuo esempio ci incoraggia
ad affidarci al tuo amato Figlio Gesù
nell'edificare la nostra vita
sulla parola del Vangelo.
Madre di misericordia e Avvocata nostra,
ottienici da Cristo
il perdono e la liberazione dal male;
ottieni per l'intera umanità,
ancora dominata dall'odio e dall'egoismo,
la salvezza e la pace.
Sulle orme degli innumerevoli pellegrini,
che da secoli accorrono in questa Santa Casa,
veniamo a deporre nelle tue mani
il nostro impegno di vera e profonda conversione.
Possa la tua Santa Casa, o Vergine Madre,
diventare per le nostre case
modello di fede vissuta
e di intrepida speranza, affinché,
nelle chiese domestiche cresca la Santa Chiesa
e dappertutto si diffonda l'amore di Cristo, nostro Redentore.
O clemente, o pia, o dolce Vergine Maria. Amen!

ALLA MADONNA DI LOURDES

O Maria,
tu che sei apparsa a santa Bernardetta
nella grotta di Massabielle,
nel grigiore e nel freddo dell'inverno,
rendici docili all'invito della tua voce materna.
Tu che hai detto a santa Bernardetta:
"Penitenza! Penitenza! Penitenza!";
donaci, ti preghiamo, o Bianca Signora,
il coraggio di pentirci e convertirci.
O Vergine santa, Madre di Gesù e Madre nostra,
che alla santa veggente hai detto:
"Io sono l'Immacolata Concezione",
ti chiediamo, prostrati ai tuoi piedi,
la perseveranza della preghiera e di allontanare,
dalla nostra mente, le tenebre dell'errore.
Ravviva il nostro cuore, Nostra Signora di Lourdes,
affinché possiamo, con entusiasmo e gioia,
durante il nostro pellegrinaggio terreno,
servire il tuo Divin Figlio Gesù.
Proteggi e benedici, o santa Vergine,
il Sommo Pontefice e fa' che, il Dolce Cristo in terra
possa esercitare, con il tuo materno aiuto,
il ministero di Pastore Universale della Chiesa.
Benedici i vescovi, i sacerdoti, i religiosi e tutti
coloro che a te si affidano.
Volgi il tuo sguardo materno,
o santa Madre del Redentore, verso i sofferenti
che a te si rivolgono.
O Immacolata Concezione,
aiutaci ed insegnaci a pregare per i nostri fratelli.
Pieni di fiducia ti chiediamo,
o tenera Madre, per intercessione
di santa Bernardetta,
di esaudire le nostre umili preghiere e,
colmati dei tuoi benefici,
ci sforzeremo di imitare le tue virtù,
per partecipare un giorno alla tua gloria in Paradiso
e meritare la felicità eterna.
Santa Maria, Madre dei credenti,
Nostra Signora di Lourdes,
prega per noi. Amen!

A Maria Madre della Fiducia

O Maria, Madre di Dio e Madre nostra,
proteggi la Chiesa, il Papa, i Vescovi, i sacerdoti
e tutti i tuoi figli che a te ricorrono.
Accogli sotto il tuo santo manto protettore
i religiosi, le religiose, le famiglie,
i bambini, i giovani e i loro educatori!
O Salute degli infermi e Consolatrice degli afflitti,
conforta quelli che soffrono nel corpo e nell'anima;
sii la luce per quelli che cercano Cristo, Redentore nostro;
a tutti gli uomini mostra che sei la Madre della nostra fiducia.
Regina della Pace e Specchio di Giustizia,
ottieni la pace al mondo e fa' che gli uomini
convivano sempre come fratelli e come figli di Dio!
Nostra Signora della Fiducia,
benedici tutti noi tuoi figli. Amen!

A Maria Regina della Pace

O Maria, Madre di Dio e nostra,
come perseveravi, nel Cenacolo di Gerusalemme,
in preghiera con i discepoli di Cristo,
così sii oggi con noi nel Cenacolo della Chiesa
ed ottienici la grazia di aprirci al dono dello Spirito di Dio.
O Regina della Pace,
Fedele Figlia dell'eterno Padre,
Tempio dell'Amore che abbraccia il cielo e la terra,
Madre di Dio e Madre dell'Unigenito Figlio,
che ci diede come principio di vita
il comandamento nuovo dell'amore,
ottienici di diventare costruttori di un mondo solidale,
in cui la pace sconfigga la guerra,
e la civiltà della morte venga sostituita dall'amore per la vita.
Madre della Pace, o dolce Vergine Maria,
accetta la nostra fiducia,
rafforzala nei nostri cuori e presentala
davanti al volto del Dio unico nella Santissima Trinità. Amen!

A Maria Regina degli Apostoli

Vergine Santa e Regina degli apostoli,
ti preghiamo per tutti i vescovi,
successori degli apostoli,
affinché guidino i fedeli
per i sentieri di una intensa vita cristiana,
di amore e di umile servizio a Dio e alle anime.
Guarda quanto è grande la messe,
ed intercedi presso il Signore perché
infonda fame di santità in tutto il popolo di Dio e
conceda abbondanti vocazioni di sacerdoti e religiosi,
forti nella fede zelanti dispensatori dei misteri di Dio. Amen!

ALLA MADONNA DEL CARMINE

Santa Maria della speranza,
Vergine del Carmine,
distendi il tuo scapolare, come mantello di protezione,
sulle città e sui paesi,
sugli uomini e le donne, sui giovani e i bambini,
sugli anziani e gli ammalati, sugli orfani e gli afflitti.
Sui figli fedeli e sulle pecore smarrite.
Tu, che in ogni casa hai un altare familiare,
che in ogni cuore hai un altare vivo,
accogli la preghiera del tuo popolo,
che ora si consacra nuovamente a te.
Stella dei mari e faro di luce,
conforto sicuro per il popolo pellegrino,
riconcilia i fratelli in un abbraccio fraterno;
che spariscano gli odi e i rancori,
che si superino le divisioni e le barriere,
che si appianino i conflitti e si rimarginino le ferite.
Fa' che Cristo sia la nostra pace,
che il suo perdono rinnovi i cuori,
che la sua parola sia speranza e fermento nella società.
Madonna del Carmine, prega per noi. Amen!

ALLA MADONNA DELLA CONSOLAZIONE

O Vergine santissima,
sii tu la consolazione unica
e perenne della Chiesa
che ami e proteggi!
Consola i vescovi e i sacerdoti,
i missionari e i religiosi,
che devono illuminare
e salvare la società moderna,
difficile e talora avversa!
Consola le comunità cristiane,
dando loro il dono di numerose
e salde vocazioni sacerdotali e religiose!
Consola tutti coloro
che sono insigniti di autorità
e di responsabilità civili e religiose,
sociali e politiche,
affinché sempre e soltanto
abbiano come meta il bene comune
e lo sviluppo integrale dell'uomo,
nonostante difficoltà e sconfitte!
Consola le tante famiglie degli emigrati,
i disoccupati, i sofferenti,
coloro che portano nel corpo
e nell'anima le ferite
causate da drammatiche situazioni di emergenza;
i giovani, specialmente quelli che si trovano per tanti dolorosi
motivi sbandati e sfiduciati;
tutti coloro che sentono nel cuore
un ardente bisogno di amore,
di altruismo, di carità, di donazione,
che coltivano alti ideali di conquiste spirituali e sociali!
O Maria, Madre consolatrice,
consolaci e facci comprendere
che il segreto della felicità sta nella bontà,
e nel seguire sempre fedelmente il tuo figlio, Gesù. Amen!

Alla Madonna delle Lacrime

O Madonna della Lacrime,
guarda con materna bontà
al dolore del mondo!
Asciuga le lacrime dei sofferenti,
dei dimenticati, dei disperati,
delle vittime di ogni violenza.
Ottieni a tutti lacrime di pentimento
e di vita nuova,
che aprano i cuori
al dono rigenerante dell'amore di Dio.
Ottieni a tutti lacrime di gioia
dopo aver visto la profonda tenerezza del tuo cuore. Amen!

ALLA MADONNA DELLA MEDAGLIA MIRACOLOSA

Ave Maria,
piena di grazia,
il Signore è con te,
tu sei benedetta fra tutte le donne,
e benedetto è il frutto del grembo tuo, Gesù.
Santa Maria, Madre di Dio,
prega per noi poveri peccatori,
adesso e nell'ora della nostra morte. Amen.
O Maria, concepita senza peccato,
prega per noi che ci rivolgiamo a te.
Questa è la preghiera che hai ispirato,
o Maria, a Santa Catherine Labouré.
Sì, o Maria, tu sei la benedetta fra tutte le donne! Beata te, che hai creduto!
L'Onnipotente fece meraviglie per te!
La meraviglia della maternità divina!
Ti supplichiamo, o Vergine santa,
di vegliare sulla Chiesa di cui tu sei madre.
Vegliare su di ognuno dei tuoi figli.
Ottieni da Dio, per noi, tutte quelle grazie
che simboleggiano i raggi di luce che
si irradiano dalle tue mani aperte.
Ti consacriamo le nostre forze e le nostre disponibilità
per servire il disegno di salvezza operato da tuo Figlio.
Ti preghiamo affinché, grazie allo Spirito Santo,
la fede si approfondisca e si affermi in tutto
il popolo cristiano, affinché la comunione vinca
tutti i germi di divisione, affinché la speranza
si ravvivi presso coloro che sono scoraggiati.
Noi ti preghiamo, o Madre cara, in particolar modo
per le anime consacrate,
per i padri e le madri di famiglia,
per i bambini e i giovani, per gli anziani.
Ti preghiamo per quelli che soffrono
per una difficoltà particolare, fisica o morale,
che conoscono la tentazione dell'infedeltà,
che sono corrosi dal dubbio in un clima di scetticismo,
per quelli che sono perseguitati a causa della loro fede.
Ti affidiamo l'apostolato dei laici,
il ministero dei sacerdoti, la testimonianza dei religiosi.
Ti preghiamo perché la chiamata
alla vocazione sacerdotale e religiosa
sia ampiamente sentita e seguita,
per la gloria di Dio e la vitalità della Chiesa.
Prega sempre per noi, o piena di grazia e Madre di Dio,
adesso e nell'ora della nostra morte. Amen!

AL CUORE IMMACOLATO DI MARIA

Sii benedetta sopra ogni cosa tu,
Serva del Signore,
che in modo pieno obbedisci alla divina chiamata!
Sii salutata tu, o Immacolata Maria,
che sei interamente unita alla consacrazione redentrice del tuo Figlio!
Cuore Immacolato di Maria,
illumina il popolo di Dio sulle vie della fede, della speranza e della carità!
Aiutaci a vivere con tutta la verità della consacrazione di Cristo
per l'intera famiglia umana del mondo contemporaneo.
A te, o Madre, affidiamo il mondo, tutti gli uomini e tutti i popoli.
O Cuore Immacolato, aiutaci a vincere la minaccia del male,
che così facilmente si radica nei cuori
degli stessi uomini d'oggi
e che nei suoi effetti incommensurabili
già grava sulla nostra contemporaneità
e sembra chiudere le vie verso il futuro. Amen!

A Maria Madre dell'unità

O Vergine gloriosa,
speranza e aurora di salvezza per il mondo intero,
volgi benigna il tuo sguardo materno e misericordioso su noi tutti.
O Vergine fedele,
che sei stata sempre pronta e sollecita ad accogliere,
conservare e meditare la Parola di Dio,
fa' che anche noi, in mezzo alle drammatiche vicende della storia,
sappiamo mantenere sempre intatta la nostra fede cristiana!
O Vergine potente,
che col tuo piede schiacci il capo del serpente tentatore,
fa' che realizziamo, giorno dopo giorno,
le nostre promesse battesimali,
con le quali abbiamo rinunziato a Satana,
alle sue opere e alle sue seduzioni,
e sappiamo dare al mondo una lieta testimonianza
della speranza cristiana.
O Vergine clemente,
che hai sempre aperto il tuo cuore materno
alle invocazioni dell'umanità,
talvolta divisa dal disamore ed anche, purtroppo,
dall'odio e dalla guerra,
fa' che sappiamo sempre crescere tutti,
secondo l'insegnamento del tuo Figlio Gesù,
nell'unità e nella pace,
per essere degni figli dell'unico Padre celeste.
Madre dell'Unità,
rafforza il legame di comunione nella Chiesa del tuo Figlio,
ravviva gli sforzi ecumenici,
affinché tutti i cristiani,
in virtù dello Spirito Santo,
diventino una famiglia di sorelle e di fratelli di Gesù Cristo,
unico Salvatore del mondo ieri, oggi e sempre. Amen!

A MARIA MADRE DEI GIOVANI

O Maria, Madre dei giovani,
il tuo Figlio Gesù, dalla croce
ci ha voluto affidare a te!
Se nel discepolo Giovanni
ti sono stati affidati tutti i figli della Chiesa,
tanto più mi piace vedere affidati a te, o Maria,
i giovani del mondo.
Sotto il tuo manto,
nella tua protezione,
essi cercano rifugio.
Tu, Madre della divina grazia,
falli risplendere della bellezza di Cristo!
Sono i giovani di questo secolo,
che vivono ancora i tormenti derivanti dal peccato,
dall'odio, dalla violenza,
dal terrorismo e dalla guerra.
Ma sono anche i giovani ai quali la Chiesa,
guarda con fiducia nella consapevolezza
che con l'aiuto della grazia di Dio
riusciranno a credere e a vivere
da testimoni del Vangelo
nell'oggi della storia.
O Maria, tu che sei stata affidata
da Gesù tuo Figlio al giovane Giovanni,
aiuta i giovani a rispondere alla loro vocazione.
Guidali alla conoscenza dell'amore vero
e benedici i loro affetti.
Sostienili nel momento della sofferenza.
Rendili annunciatori intrepidi
del saluto di Cristo
nel giorno di Pasqua: Pace a voi!
Con affetto confidente ognuno di loro ti grida:
Ave Mamma, Ave Maria, Ave salvezza nostra. Amen!

A Maria che scioglie i nodi

Vergine Maria,
tu che non hai mai abbandonato un figlio che a te ricorre.
Tu, le cui mani lavorano senza sosta per i tuoi figli tanto amati,
perché sono spinte dall'amore divino
e dall'infinita misericordia che esce dal tuo cuore,
volgi verso di noi il tuo sguardo pieno di compassione e
guarda il cumulo di nodi che soffoca la nostra vita.
Tu conosci la nostra disperazione e il nostro dolore
e sai quanto ci paralizzano questi nodi.
Noi li riponiamo tutti nelle tue mani materne.
Nessuno, neanche il demonio, può sottrarci dal tuo aiuto misericordioso.
Nelle tue mani non c'è un nodo che non sia sciolto.
Vergine Madre,
con la grazia e il tuo potere d'intercessione presso il tuo Figlio Gesù
e per la gloria di Dio, ti chiediamo di sciogliere i nodi
che ci affliggono e di scioglierli per sempre.
Speriamo in te, poiché tu
sei l'unica consolatrice che il Padre ci ha dato.
Sei la fortezza delle nostre deboli forze,
la ricchezza delle nostre miserie,
la liberazione da tutto ciò che ci impedisce di essere con Cristo.
Accogli la nostra richiesta, o Madre santa!
Preservaci, guidaci, proteggici.
Prega per noi, poveri peccatori e
sii il nostro rifugio o Maria che scioglie i nodi. Amen!

A Maria Madre di Dio

O Vergine santissima, Madre di Dio,
guardaci clemente in quest'ora!
Vergine Fedele, prega per noi!
Insegnaci a credere come hai creduto tu!
Fa' che la nostra fede in Dio
sia sempre limpida, serena, coraggiosa, forte, generosa.
Madre degna di amore e
Madre del bell'amore, prega per noi!
Insegnaci ad amare Dio e i nostri fratelli,
come tu li hai amati:
fa' che il nostro amore verso gli altri
sia sempre paziente, benigno, rispettoso.
Causa della nostra gioia, prega per noi!
Insegnaci a saper cogliere, nella fede,
il paradosso della gioia cristiana,
che nasce e fiorisce dal dolore, dalla rinuncia,
dall'unione col tuo Figlio crocifisso:
fa' che la nostra gioia sia sempre autentica e piena,
per poterla comunicare a tutti. Amen!

A Maria Assunta in cielo

Oggi, nella solennità della tua Assunzione, o Maria,
volgiamo lo sguardo verso te,
"Piena di grazia",
Vergine che ci indichi il cielo,
la meta a cui siamo tutti incamminati.
Ti presenti in questo giorno
come "nuova creatura",
che, ai piedi della Croce,
quando sembrava che trionfasse la morte,
hai creduto nell'adempimento
delle parole del Signore
ed hai raccolto la promessa della resurrezione.
Tu ci precedi, Vergine celeste,
nel nostro pellegrinaggio di fede.
Sostieni, o Maria,
la nostra speranza;
incoraggia la Chiesa
a proseguire sulla via della fedeltà al suo Signore,
fidando unicamente
nella potenza redentrice della santa Croce.
Tu ci rinnovi ogni giorno l'invito di Cristo
ad essere messaggeri di quella vita divina
che da sola può soddisfare la fame del cuore umano
e ci spingi a riflettere su quanto tu dicesti a Cana di Galilea:
"Fate quello che Egli (il Maestro) vi dirà":
Gesù solo, infatti, ha parole di vita eterna.
A te, Vergine assunta,
affidiamo in questo giorno di festa
i più profondi desideri del nostro cuore.
Nelle tue mani poniamo l'Italia;
alla tua materna sollecitudine raccomandiamo
le Nazioni che nei vari Continenti soffrono
a causa dell'ingiustizia e della guerra.
Guida, o Maria, l'umanità
sulla strada dell'umile ricerca della verità
e dell'autentica pace;
guidala alla felicità vera,
possibile solo nella piena comunione con Dio.
O Regina assunta in cielo, prega per noi. Amen!

A Maria Madre della Chiesa

Madre della Chiesa e Madre nostra Maria,
raccogliamo nelle nostre mani
quanto un popolo è capace di offrirti:
l'innocenza dei bambini,
la generosità e l'entusiasmo dei giovani,
la sofferenza dei malati,
gli affetti più veri coltivati nelle famiglie,
la fatica dei lavoratori,
le angustie dei disoccupati,
la solitudine degli anziani,
l'angoscia di chi ricerca il senso vero dell'esistenza,
il pentimento sincero di chi si è smarrito nel peccato,
i propositi e le speranze di chi scopre l'amore del Padre,
la fedeltà e la dedizione di chi,
chiamato al sacerdozio o alla vita religiosa,
spende le proprie energie nell'apostolato
e nelle opere di misericordia.
E tu, o Vergine Santa,
"beata perché hai creduto alla parola del Signore",
fa' di noi altrettanti coraggiosi testimoni di Cristo.
Vogliamo che la nostra carità sia autentica,
così da ricondurre alla fede gli increduli,
conquistare i dubbiosi, raggiungere tutti.
Vergine santissima, noi ci affidiamo a te e ti invochiamo,
perché ottenga alla Chiesa
di testimoniare in ogni sua scelta il Vangelo,
per far risplendere davanti al mondo
il volto del tuo Figlio e nostro Signore Gesù Cristo,
che vive e regna nei secoli dei secoli. Amen!

A Maria Madre della Speranza

Maria, Madre della speranza,
cammina con noi e insegnaci a proclamare il Dio vivente;
aiutaci a testimoniare Gesù, l'unico Salvatore;
rendici servizievoli verso il prossimo,
accoglienti verso i bisognosi,
operatori di giustizia,
costruttori appassionati
di un mondo più giusto;
intercedi per noi che operiamo nella storia
certi che il disegno del Padre si compirà.
Aurora di un mondo nuovo,
mostrati Madre della speranza e veglia su di noi!
Veglia sulla Chiesa:
sia essa trasparente al Vangelo;
sia autentico luogo di comunione;
viva la sua missione
di annunciare, celebrare e servire
il Vangelo della speranza
per la pace e la gioia di tutti.
Regina della pace e della speranza,
proteggi l'umanità e veglia su tutti i cristiani
affinché proseguano fiduciosi sulla via dell'unità.
Veglia sui giovani,
speranza del futuro,
rispondano generosamente
alla chiamata di Gesù.
Veglia sui responsabili delle nazioni:
si impegnino a costruire una casa comune,
nella quale siano rispettati
la dignità e i diritti di ciascuno.
Maria, donaci Gesù!
Fa' che lo seguiamo e lo amiamo!
Lui è la speranza della Chiesa e dell'umanità.
Lui vive con noi, in mezzo a noi,
nella sua Chiesa.
Con te diciamo:
«Vieni, Signore Gesù»:
Che la speranza della gloria
infusa da Lui nei nostri cuori
porti frutti di giustizia e di pace. Amen!

A Maria Madre dei consacrati

Maria, figura della Chiesa,
Sposa senza ruga e senza macchia,
che imitandoti «conserva verginalmente integra la fede,
salda la speranza, sincera la carità»,
sostieni le persone consacrate
nel loro tendere all'eterna e unica Beatitudine.
A te, Vergine della Visitazione, le affidiamo,
perché sappiano correre incontro
alle necessità umane,
per portare aiuto, ma soprattutto per portare Gesù.
Insegna loro a proclamare le meraviglie
che il Signore compie nel mondo,
perché i popoli tutti magnifichino il suo nome.
Sostienile nella loro opera a favore dei poveri,
degli affamati, dei senza speranza,
degli ultimi e di tutti coloro
che cercano il Figlio tuo con cuore sincero.
A te, Madre,
che vuoi il rinnovamento spirituale e apostolico
dei tuoi figli e figlie nella risposta d'amore
e di dedizione totale a Cristo,
rivolgiamo fiduciosi la nostra preghiera.
Tu che hai fatto la volontà del Padre,
pronta nell'obbedienza, coraggiosa nella povertà,
accogliente nella verginità feconda,
ottieni dal tuo divin Figlio
che quanti hanno ricevuto il dono
di seguirlo nella vita consacrata
lo sappiano testimoniare
con una esistenza trasfigurata,
camminando gioiosamente,
con tutti gli altri fratelli e sorelle,
verso la patria celeste
e la luce che non conosce tramonto.
Te lo chiediamo,
perché in tutti e in tutto sia glorificato,
benedetto e amato il Sommo Signore
di tutte le cose che è Padre, Figlio e Spirito Santo. Amen!

A Maria Madre dei viventi

O Maria,
aurora del mondo nuovo,
Madre dei viventi,
affidiamo a te la causa della vita:
guarda, o Madre, al numero sconfinato
di bambini cui viene impedito di nascere,
di poveri cui è reso difficile vivere,
di uomini e donne vittime di disumana violenza,
di anziani e malati uccisi dall'indifferenza
o da una presunta pietà.
Fa' che quanti credono nel tuo Figlio
sappiano annunciare con franchezza e amore
agli uomini del nostro tempo
il Vangelo della vita.
Ottieni loro la grazia di accoglierlo
come dono sempre nuovo,
la gioia di celebrarlo con gratitudine
in tutta la loro esistenza
e il coraggio di testimoniarlo
con tenacia operosa, per costruire,
insieme con tutti gli uomini di buona volontà,
la civiltà della verità e dell'amore,
a lode e gloria di Dio creatore e amante della vita. Amen!

A Maria Vergine Fedele

Vergine santissima,
ci consola il saperti al nostro fianco.
Tu con mano sicura
ci guidi a Cristo tuo Figlio.
Ti preghiamo, Vergine fedele,
assisti i credenti nel quotidiano sforzo
di trovare vie d'incontro
e di mutua comprensione.
Alimenta in tutti i cristiani
il desiderio di giungere presto
a proclamare in piena sintonia la fede degli apostoli,
per poter celebrare all'unica mensa
il sacrificio del Corpo e del Sangue del Signore.
Apri il loro cuore
alla fiducia e al dialogo,
perché possano essere nel mondo
testimoni credibili del Vangelo di salvezza.
La nostra preghiera si innalza fervente
per tutte le famiglie.
Tu conosci le difficoltà
a cui sono esposte,
le insidie che ne minacciano la stabilità,
le proposte che ne stravolgono
la fisionomia voluta dal Creatore.
Ci rivolgiamo a te,
che hai dato al mondo il Redentore,
perché non sia ulteriormente indebolita
questa primordiale cellula della società,
culla della vita dell'essere umano
e "via" della Chiesa.
Ti raccomandiamo i giovani,
proiettati verso un avvenire di speranza;
le donne, chiamate ad offrire un grande contributo
all'edificazione di una società più accogliente per tutti;
i deboli, gli anziani, gli ammalati e i sofferenti,
bisognosi di più attenta solidarietà.
Veglia su ciascuno con assidua premura,
e su tutti effondi l'abbondanza dei tuoi doni,
o Regina senza macchia di peccato,
o Madre di tutte le grazie, o Vergine Maria. Amen!

A Maria Regina delle Grazie

Vergine santa, Regina delle Grazie,
Madre di Dio e Madre nostra,
noi ci affidiamo a te.
Intercedi per noi,
o amorosissima Dispensatrice
delle grazie divine, presso il tuo Figlio Gesù,
perché doni a tutti noi, suoi figli,
la grazia della salute del corpo e dello spirito.
O Maria, tu che sei la Tesoriera di tutte le grazie,
Rifugio dei poveri peccatori, Consolatrice degli afflitti,
Speranza di chi dispera e Aiuto potentissimo dei cristiani,
noi riponiamo in te ogni nostra fiducia.
Accorri in nostro aiuto, o Madre delle Grazie,
e conservaci viva la fede, puri i cuori,
e poiché il vero male del mondo è il peccato,
ottienici il dono di detestare le nostre colpe
e di non perdere mai più la grazia di Dio.
Fa' che nel pellegrinaggio della fede nessuno
si smarrisca e non dimentichi mai che tu
sei la Madre delle Grazie e Regina di misericordia. Amen!

ALLA MADONNA DI FATIMA

Vergine Santissima,
che a Fatima hai rivelato
al mondo i tesori di grazie
nascosti nella pratica del santo Rosario,
infondi nei nostri cuori un grande amore
a questa santa devozione, affinché, meditando
i misteri in esso contenuti, ne raccogliamo i frutti
e otteniamo la grazia che con questa preghiera ti chiediamo,
a maggior gloria di Dio e a vantaggio delle anime nostre.
Regina di Fatima,
fa' che seguiamo l'esempio dei pastorelli, che
hanno avuto il privilegio di vederti e ai quali tu dicesti
di essere la Regina del santo Rosario,
e di quanti si consacrano all'annuncio del Vangelo.
Salve, Madre del Signore,
Vergine Maria, Regina del Rosario di Fatima!
Tu sei la Benedetta fra tutte le donne,
sei l'immagine della Chiesa vestita di luce pasquale,
sei l'onore del nostro popolo,
sei il trionfo sull'assalto del male.
Profezia dell'Amore misericordioso del Padre,
Maestra dell'Annuncio della Buona Novella del Figlio,
Segno del Fuoco ardente dello Spirito Santo,
insegnaci, in questa valle di gioie e dolori,
le eterne verità che il Padre rivela ai piccoli.
Mostraci la forza del tuo manto protettore.
Nel tuo Cuore Immacolato,
sii il rifugio dei peccatori
e la via che conduce fino a Dio.
A te noi ci affidiamo e a te noi ci consacriamo,
o Vergine del Rosario di Fatima.
Sii ovunque benedetta, oggi e sempre,
in terra e in cielo. Amen!

A Maria Vergine obbediente

O Maria, Madre di Dio,
Madre della Chiesa,
affidiamo a te la nostra vita,
a te, che hai accolto con fedeltà assoluta
la Parola di Dio
e ti sei dedicata al suo progetto di salvezza e di grazia,
aderendo con totale docilità
all'azione dello Spirito Santo;
a te, che hai avuto dal tuo Figlio
la missione di accogliere e custodire
il discepolo che egli amava,
a te ripetiamo, tutti e ciascuno,
"io sono tutto tuo o Maria",
perché tu assuma la nostra consacrazione
e la unisca a quella di Gesù e alla tua,
come offerta a Dio Padre,
per la vita del mondo. Amen!

A Maria Vergine Addolorata

Siamo uniti nella preghiera
con te, Madre di Cristo:
con te, che hai partecipato
alle sue sofferenze.
Tu ci conduci al Cuore
del tuo Figlio
agonizzante sulla Croce:
quando nella sua spogliazione
si rivela fino in fondo con Amore.
Tu, o Maria addolorata, che hai partecipato
alle sue sofferenze,
permettici di perseverare sempre
nell'abbraccio di questo mistero.
Madre del Redentore, avvicinaci
al Cuore del tuo Figlio Gesù. Amen!

A Maria Aiuto dei cristiani

O Maria, Aiuto dei Cristiani,
nelle nostre necessità ci rivolgiamo a te
con occhi di amore, con mani libere e cuori ardenti.
Ci rivolgiamo a te per poter vedere il tuo Figlio, nostro Signore.
Innalziamo le mani per avere il Pane della Vita.
Spalanchiamo i cuori per ricevere il Principe della Pace.
Madre della Chiesa, i tuoi figli e figlie ti ringraziano
per la tua parola affidabile che risuona lungo i secoli,
innalzandosi da un'anima vuota resa colma di grazia,
preparata da Dio per accogliere la Parola data al mondo,
affinché il mondo stesso possa rinascere.
In te, il regno di Dio è albeggiato,
un regno di grazia e di pace, di amore e di giustizia,
sorto dalle profondità della Parola fatta carne.
La Chiesa in tutto il mondo si unisce a te nel dar lode a Lui
la cui misericordia si estende di generazione in generazione.
O Stella maris, luce di ogni oceano e Signora delle profondità,
proteggi tutti i tuoi figli da ogni male,
poiché le onde sono alte e noi siamo lontano da casa.
Mentre ci avventuriamo per gli oceani del mondo,
e attraversiamo i deserti del nostro tempo,
mostraci, o Maria, il Frutto del tuo grembo,
poiché senza il Figlio tuo siamo perduti.
Prega affinché mai veniamo meno lungo il cammino della vita,
affinché nel cuore e nell'animo, con le parole e con gli atti,
nei giorni di bufera e nei giorni di bonaccia,
possiamo sempre volgerci a Cristo e dire:
«Chi è costui al quale anche il vento e il mare obbediscono?».
O Maria nostra Madre, nella quale ogni tempesta si placa,
intercedi per la Chiesa affinché abbia la forza
di seguire fedelmente la via di Gesù Cristo,
di proclamare coraggiosamente la verità di Cristo Gesù,
di vivere gioiosamente la vita del nostro Salvatore.
O Vergine santa, Aiuto dei Cristiani e Luminosa Stella del Mare,
proteggici, guidaci e prega per noi. Amen!

A Maria Vergine Immacolata

Rallegrati, piena di grazia,
Vergine Immacolata,
perché il Verbo di Dio in te,
per opera dello Spirito Santo,
si è fatto uomo.
Tu sei la tutta bella, o Maria,
e il peccato non è in te!
A te ricorriamo con più insistente fiducia
affinché, in questi tempi segnati da non poche incertezze e timori
per le sorti presenti e future del nostro pianeta,
tu rivolga il tuo sguardo misericordioso su di noi.
Madre Divina,
aiutaci a non restare indifferenti
al grido dei poveri; a scendere dai nostri troni;
ad essere attenti verso
la sofferenza dei malati e la solitudine degli anziani;
ad imparare a commuoverci
per la fragilità dei bambini
e ad essere bambini davanti a Dio;
ad accettarci gli uni con gli altri
come fratelli e sorelle.
Ci prostriamo ai tuoi piedi,
o Vergine Immacolata,
e ti chiediamo di ascoltare
la nostra preghiera e di esaudire la nostra supplica.
Madre di Dio, Immacolata Maria,
fa' che la pace regni nei nostri cuori,
nelle famiglie, nelle comunità, fra i popoli,
soprattutto in quelle nazioni dove si continua
ogni giorno a combattere e a morire.
Tu, Madre dell'Amore misericordioso,
benedici il Sommo Pontefice, i vescovi,
i sacerdoti, i religiosi, noi, la nostra città, il mondo intero.
Noi ti chiediamo questo, Vergine Immacolata,
attraverso nostro Signore Gesù Cristo
tuo Figlio, che è Dio, e vive regna con il Padre
e lo Spirito Santo, nei secoli dei secoli. Amen!

A Maria Regina dei martiri

Maria, Regina dei martiri,
associata al Figlio in un unico martirio,
accompagni ciascuno di noi
nelle piccole e grandi occasioni
in cui è richiesta
la nostra fedele testimonianza evangelica.
Ci conforti con il suo amore di Madre
nel quotidiano impegno a seguire Cristo,
specialmente nelle situazioni complesse e difficili.
L'amore per Cristo,
che animò il martire Stefano e tanti altri martiri,
alimenti come linfa vitale
la nostra esistenza di ogni giorno. Amen!

A Maria Madre di Cristo

O Madre santa, Figlia dell'Altissimo,
Vergine Madre del Salvatore e Madre nostra,
volgi il tuo tenero sguardo sulla Chiesa.
Tu hai accettato pienamente e liberamente
l'invito del Padre ad essere Madre di Dio;
insegnaci a svuotare il cuore da tutto ciò che non è di Dio,
sì da essere riempiti anche noi
di Spirito Santo dall'alto.
Tu hai contemplato i misteri della volontà di Dio
nel silenzio del tuo cuore;
aiutaci nel cammino di discernere
i segni della potente mano di Dio.
Tu ti sei prontamente recata a visitare tua cugina Elisabetta
per aiutarla nei giorni dell'attesa;
ottieni per noi lo stesso spirito zelante e servizievole
nel compito dell'evangelizzazione.
Tu hai levato la voce
per cantare le lodi del Signore;
guidaci nel gioioso annuncio della fede
in Cristo Salvatore.
Tu che hai compassione
di quanti sono nel bisogno
ed hai implorato a loro nome il Figlio tuo;
insegnaci a non temere di parlare
del mondo a Gesù e di Gesù al mondo.
Tu eri ai piedi della Croce,
quando tuo Figlio esalò l'ultimo respiro;
sii al nostro fianco mentre cerchiamo di essere uniti
nello spirito e nel servizio con quanti soffrono.
Tu che hai pregato con i discepoli nel Cenacolo;
aiutaci ad attendere il dono dello Spirito,
per andare ovunque Egli ci conduce.
Proteggi la Chiesa da ogni potere che la minaccia.
Aiutala ad essere immagine vera della Trinità Santissima.
Prega, o Vergine santa,
affinché tutti i popoli possano giungere a conoscere
il Figlio tuo Gesù Cristo,
unico Salvatore del mondo,
ed assaporare così la gioia della vita
nella sua pienezza.
O Maria, Madre della nuova creazione
prega per noi, figli tuoi, ora e sempre. Amen!

A Maria Serva del Signore

Ti salutiamo, o santa Signora,
Regina santissima, Madre di Dio, Maria,
tu che sei la sempre Vergine, la tutta Bella,
eletta dal santissimo Padre celeste e da Lui,
col santissimo Figlio diletto
e con lo Spirito Santo Paraclito, consacrata.
Ti salutiamo, Fonte di ogni bene.
Ti salutiamo, Arca della nuova Alleanza.
Ti salutiamo, Tabernacolo del Dio Altissimo.
Ti salutiamo, Torre di Davide.
Ti salutiamo, Porta del Cielo.
Ti salutiamo, ancella del Signore.
Ti salutiamo, santa Madre di Dio.
Sii benedetta sopra ogni cosa tu,
o Serva del Signore,
che nel modo più pieno
obbedisci alla Divina chiamata.
Accoglici sotto il tuo manto,
o Madre di misericordia,
e liberaci fino a quando non ci vedrai
salvi in cielo a benedirti e a cantare
le tue misericordie per tutta l'eternità. Amen!

INDICE

Printed by Books on Demand GmbH, Norderstedt / Germany